NAME:

ADDRESS:

PHONE NUMBER:

E-MAIL:

FAVORITE FOOD:

COOK'S ONE LINE A DAY

A FIVE-YEAR
CULINARY MEMORY BOOK

CHRONICLE BOOKS
SAN FRANCISCO

ISBN 978-1-4521-1897-0

Manufactured in China

Designed by VANESSA DINA

Chronicle Books endeavors to use environmentally
responsible paper in its gift and stationery products.

10 9 8 7 6 5 4 3 2 1

Chronicle Books LLC
680 Second Street
San Francisco, California 94107
www.chroniclebooks.com

A condensed, comparative five-year record for recording culinary events most worthy of remembering.

HOW TO USE THIS BOOK

To begin, turn to today's calendar date, and fill in the year at the top of the page's first entry. Here, you can add your thoughts on the present day's culinary adventures. On the next day, turn the page and fill in the date accordingly. Do likewise throughout the year. When the year has ended, start the next year in the second entry space on the page, and so on through the remaining years.

JANUARY 1

20

20

20

20

20

JANUARY 2

20

20

20

20

20

JANUARY 3

20

20

20

20

20

JANUARY 4

20

20

20

20

20

JANUARY 5

20

20

20

20

20

JANUARY 6

20

20

20

20

20

JANUARY 7

20

20

20

20

20

JANUARY 8

20

20

20

20

20

JANUARY 9

20

20

20

20

20

JANUARY 10

20

20

20

20

20

JANUARY 11

20

20

20

20

20

JANUARY 12

20

20

20

20

20

JANUARY 13

20

20

20

20

20

JANUARY 14

20

20

20

20

20

JANUARY 15

20

20

20

20

20

JANUARY 16

20

20

20

20

20

20

20

20

20

20

JANUARY 18

20

20

20

20

20

JANUARY 19

20

20

20

20

20

20

20

20

20

20

20

20

20

20

20

20

20

20

20

20

20

20

20

20

20

20

20

20

20

20

JANUARY 25

20

20

20

20

20

20

20

20

20

20

JANUARY 27

20

20

20

20

20

JANUARY 28

20

20

20

20

20

JANUARY 29

20

20

20

20

20

20

20

20

20

20

20

20

20

20

20

FEBRUARY 1

20

20

20

20

20

FEBRUARY 2

20

20

20

20

20

20

20

20

20

20

FEBRUARY 4

20

20

20

20

20

FEBRUARY 5

20

20

20

20

20

FEBRUARY 6

20

20

20

20

20

FEBRUARY 7

20

20

20

20

20

FEBRUARY 8

20

20

20

20

20

20

20

20

20

20

FEBRUARY 10

20

20

20

20

20

FEBRUARY 11

20

20

20

20

20

FEBRUARY 12

20

20

20

20

20

FEBRUARY 13

20

20

20

20

20

FEBRUARY 14

20

20

20

20

20

FEBRUARY 15

20

20

20

20

20

FEBRUARY 16

20

20

20

20

20

FEBRUARY 17

20

20

20

20

20

20

20

20

20

20

20

20

20

20

20

FEBRUARY 20

20

20

20

20

20

FEBRUARY 21

20

20

20

20

20

FEBRUARY 22

20

20

20

20

20

FEBRUARY 23

20

20

20

20

20

FEBRUARY 24

20

20

20

20

20

FEBRUARY 25

20

20

20

20

20

20

20

20

20

20

FEBRUARY 27

20

20

20

20

20

FEBRUARY 28

20

20

20

20

20

FEBRUARY 29

20

20

20

20

20

MARCH 1

20

20

20

20

20

MARCH 2

20

20

20

20

20

MARCH 3

20

20

20

20

20

MARCH 4

20

20

20

20

20

MARCH 5

20

20

20

20

20

MARCH 6

20

20

20

20

20

MARCH 7

20

20

20

20

20

MARCH 8

20

20

20

20

20

MARCH 9

20

20

20

20

20

MARCH 10

20

20

20

20

20

MARCH 11

20

20

20

20

20

MARCH 12

20

20

20

20

20

MARCH 13

20

20

20

20

20

MARCH 14

20

20

20

20

20

MARCH 15

20

20

20

20

20

MARCH 16

20

20

20

20

20

MARCH 17

20

20

20

20

20

MARCH 18

20

20

20

20

20

MARCH 19

20

20

20

20

20

MARCH 20

20

20

20

20

20

MARCH 21

20

20

20

20

20

MARCH 22

20

20

20

20

20

MARCH 23

20

20

20

20

20

MARCH 24

20

20

20

20

20

MARCH 25

20

20

20

20

20

MARCH 26

20

20

20

20

20

20

20

20

20

20

MARCH 28

20

20

20

20

20

MARCH 29

20

20

20

20

20

MARCH 30

20

20

20

20

20

20

20

20

20

20

APRIL 1

20

20

20

20

20

20

20

20

20

20

APRIL 3

20

20

20

20

20

APRIL 4

20

20

20

20

20

20

20

20

20

20

APRIL 6

20

20

20

20

20

APRIL 7

20

20

20

20

20

20

20

20

20

20

APRIL 9

20

20

20

20

20

20

20

20

20

20

APRIL 11

20

20

20

20

20

APRIL 12

20

20

20

20

20

APRIL 13

20

20

20

20

20

APRIL 14

20

20

20

20

20

20

20

20

20

20

APRIL 16

20

20

20

20

20

APRIL 17

20

20

20

20

20

APRIL 18

20

20

20

20

20

APRIL 19

20

20

20

20

20

20

20

20

20

20

APRIL 21

20

20

20

20

20

20

20

20

20

20

APRIL 23

20

20

20

20

20

20

20

20

20

20

APRIL 25

20

20

20

20

20

20

20

20

20

20

APRIL 27

20

20

20

20

20

APRIL 28

20

20

20

20

20

APRIL 29

20

20

20

20

20

20

20

20

20

20

MAY 1

20

20

20

20

20

20

20

20

20

20

MAY 3

20

20

20

20

20

MAY 4

20

20

20

20

20

MAY 5

20

20

20

20

20

MAY 6

20

20

20

20

20

MAY 7

20

20

20

20

20

MAY 8

20

20

20

20

20

MAY 9

20

20

20

20

20

MAY 10

20

20

20

20

20

MAY 11

20

20

20

20

20

20

20

20

20

20

MAY 13

20

20

20

20

20

MAY 14

20

20

20

20

20

MAY 15

20

20

20

20

20

MAY 16

20

20

20

20

20

20

20

20

20

20

MAY 18

20

20

20

20

20

MAY 19

20

20

20

20

20

MAY 20

20

20

20

20

20

MAY 21

20

20

20

20

20

20

20

20

20

20

MAY 23

20

20

20

20

20

MAY 24

20

20

20

20

20

MAY 25

20

20

20

20

20

MAY 26

20

20

20

20

20

MAY 27

20

20

20

20

20

MAY 28

20

20

20

20

20

20

20

20

20

20

MAY 30

20

20

20

20

20

MAY 31

20

20

20

20

20

JUNE 1

20

20

20

20

20

JUNE 2

20

20

20

20

20

JUNE 3

20

20

20

20

20

JUNE 4

20

20

20

20

20

20

20

20

20

20

JUNE 6

20

20

20

20

20

20

20

20

20

20

20

20

20

20

20

JUNE 9

20

20

20

20

20

20

20

20

20

20

JUNE 11

20

20

20

20

20

JUNE 12

20

20

20

20

20

20

20

20

20

20

JUNE 14

20

20

20

20

20

20

20

20

20

20

JUNE 16

20

20

20

20

20

20

20

20

20

20

20

20

20

20

20

20

20

20

20

20

20

20

20

20

20

20

20

20

20

20

JUNE 22

20

20

20

20

20

JUNE 23

20

20

20

20

20

JUNE 24

20

20

20

20

20

20

20

20

20

20

JUNE 26

20

20

20

20

20

20

20

20

20

20

20

20

20

20

20

JUNE 29

20

20

20

20

20

20

20

20

20

20

JULY 1

20

20

20

20

20

JULY 2

20

20

20

20

20

JULY 3

20

20

20

20

20

JULY 4

20

20

20

20

20

JULY 5

20

20

20

20

20

JULY 6

20

20

20

20

20

JULY 7

20

20

20

20

20

JULY 8

20

20

20

20

20

JULY 9

20

20

20

20

20

JULY 10

20

20

20

20

20

20

20

20

20

20

JULY 12

20

20

20

20

20

JULY 13

20

20

20

20

20

JULY 14

20

20

20

20

20

20

20

20

20

20

JULY 16

20

20

20

20

20

JULY 17

20

20

20

20

20

20

20

20

20

20

20

20

20

20

20

20

20

20

20

20

20

20

20

20

20

JULY 22

20

20

20

20

20

20

20

20

20

20

JULY 24

20

20

20

20

20

20

20

20

20

20

20

20

20

20

20

20

20

20

20

20

JULY 28

20

20

20

20

20

20

20

20

20

20

20

20

20

20

20

JULY 31

20

20

20

20

20

AUGUST 1

20

20

20

20

20

AUGUST 2

20

20

20

20

20

AUGUST 3

20

20

20

20

20

AUGUST 4

20

20

20

20

20

AUGUST 5

20

20

20

20

20

20

20

20

20

20

AUGUST 7

20

20

20

20

20

20

20

20

20

20

20

20

20

20

20

20

20

20

20

20

20

20

20

20

20

20

20

20

20

20

AUGUST 13

20

20

20

20

20

20

20

20

20

20

AUGUST 15

20

20

20

20

20

20

20

20

20

20

20

20

20

20

20

20

20

20

20

20

AUGUST 19

20

20

20

20

20

20

20

20

20

20

AUGUST 21

20

20

20

20

20

AUGUST 22

20

20

20

20

20

AUGUST 23

20

20

20

20

20

20

20

20

20

20

AUGUST 25

20

20

20

20

20

20

20

20

20

20

20

20

20

20

20

AUGUST 28

20

20

20

20

20

AUGUST 29

20

20

20

20

20

20

20

20

20

20

AUGUST 31

20

20

20

20

20

SEPTEMBER 1

20

20

20

20

20

SEPTEMBER 2

20

20

20

20

20

SEPTEMBER 3

20

20

20

20

20

20

20

20

20

20

SEPTEMBER 5

20

20

20

20

20

SEPTEMBER 6

20

20

20

20

20

SEPTEMBER 7

20

20

20

20

20

SEPTEMBER 8

20

20

20

20

20

20

20

20

20

20

SEPTEMBER 10

20

20

20

20

20

20

20

20

20

20

SEPTEMBER 12

20

20

20

20

20

20

20

20

20

20

SEPTEMBER 14

20

20

20

20

20

SEPTEMBER 15

20

20

20

20

20

SEPTEMBER 16

20

20

20

20

20

20

20

20

20

20

20

20

20

20

20

20

20

20

20

20

20

20

20

20

20

20

20

20

20

20

20

20

20

20

20

20

20

20

20

20

20

20

20

20

20

20

20

20

20

20

SEPTEMBER 26

20

20

20

20

20

20

20

20

20

20

SEPTEMBER 28

20

20

20

20

20

20

20

20

20

20

SEPTEMBER 30

20

20

20

20

20

OCTOBER 1

20

20

20

20

20

OCTOBER 2

20

20

20

20

20

OCTOBER 3

20

20

20

20

20

OCTOBER 4

20

20

20

20

20

OCTOBER 5

20

20

20

20

20

OCTOBER 6

20

20

20

20

20

20

20

20

20

20

OCTOBER 8

20

20

20

20

20

20

20

20

20

20

OCTOBER 10

20

20

20

20

20

20

20

20

20

20

OCTOBER 12

20

20

20

20

20

OCTOBER 13

20

20

20

20

20

OCTOBER 14

20

20

20

20

20

OCTOBER 15

20

20

20

20

20

OCTOBER 16

20

20

20

20

20

OCTOBER 17

20

20

20

20

20

20

20

20

20

20

OCTOBER 19

20

20

20

20

20

20

20

20

20

20

20

20

20

20

20

20

20

20

20

20

OCTOBER 23

20

20

20

20

20

OCTOBER 24

20

20

20

20

20

OCTOBER 25

20

20

20

20

20

OCTOBER 26

20

20

20

20

20

OCTOBER 27

20

20

20

20

20

OCTOBER 28

20

20

20

20

20

OCTOBER 29

20

20

20

20

20

OCTOBER 30

20

20

20

20

20

20

20

20

20

20

NOVEMBER 1

20

20

20

20

20

20

20

20

20

20

20

20

20

20

20

NOVEMBER 4

20

20

20

20

20

NOVEMBER 5

20

20

20

20

20

NOVEMBER 6

20

20

20

20

20

NOVEMBER 7

20

20

20

20

20

NOVEMBER 8

20

20

20

20

20

20

20

20

20

20

NOVEMBER 10

20

20

20

20

20

NOVEMBER 11

20

20

20

20

20

NOVEMBER 12

20

20

20

20

20

NOVEMBER 13

20

20

20

20

20

20

20

20

20

20

NOVEMBER 15

20

20

20

20

20

20

20

20

20

20

NOVEMBER 17

20

20

20

20

20

NOVEMBER 18

20

20

20

20

20

20

20

20

20

20

20

20

20

20

20

20

20

20

20

20

NOVEMBER 22

20

20

20

20

20

20

20

20

20

20

NOVEMBER 24

20 .

20

20

20

20

NOVEMBER 25

20

20

20

20

20

20

20

20

20

20

NOVEMBER 27

20

20

20

20

20

20

20

20

20

20

NOVEMBER 29

20

20

20

20

20

NOVEMBER 30

20

20

20

20

20

DECEMBER 1

20

20

20

20

20

20

20

20

20

20

DECEMBER 3

20

20

20

20

20

DECEMBER 4

20

20

20

20

20

DECEMBER 5

20

20

20

20

20

20

20

20

20

20

DECEMBER 7

20

20

20

20

20

DECEMBER 8

20

20

20

20

20

DECEMBER 9

20

20

20

20

20

DECEMBER 10

20

20

20

20

20

DECEMBER 11

20

20

20

20

20

20

20

20

20

20

DECEMBER 13

20

20

20

20

20

DECEMBER 14

20

20

20

20

20

DECEMBER 15

20

20

20

20

20

DECEMBER 16

20

20

20

20

20

DECEMBER 17

20

20

20

20

20

DECEMBER 18

20

20

20

20

20

DECEMBER 19

20

20

20

20

20

DECEMBER 20

20

20

20

20

20

DECEMBER 21

20

20

20

20

20

20

20

20

20

20

DECEMBER 23

20

20

20

20

20

DECEMBER 24

20

20

20

20

20

DECEMBER 25

20

20

20

20

20

DECEMBER 26

20

20

20

20

20

DECEMBER 27

20

20

20

20

20

DECEMBER 28

20

20

20

20

20

DECEMBER 29

20

20

20

20

20

DECEMBER 30

20

20

20

20

20

DECEMBER 31

20

20

20

20

20

DATES TO REMEMBER

DATES TO REMEMBER

DATES TO REMEMBER